まちごとチャイナ

Jiangsu 008 Nanjing

はじめての南京

江南の帝都「ナンキン」へ

Asia City Guide Production

【白地図】南京と江南地方

CHINA
江蘇省

南京と江南地方

Nanjing

白地図

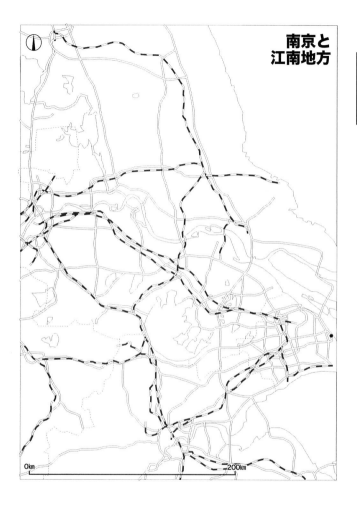

【白地図】南京市街

CHINA
江蘇省

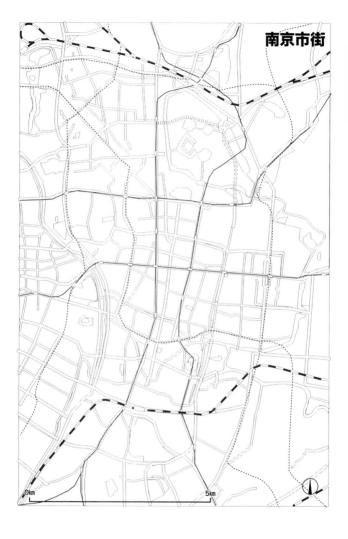

【白地図】市街南部

CHINA
江蘇省

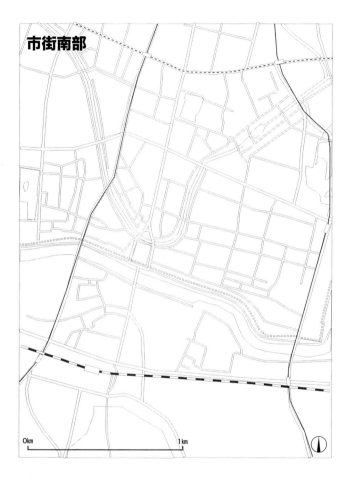

市街南部

【白地図】市街中心

CHINA
江蘇省

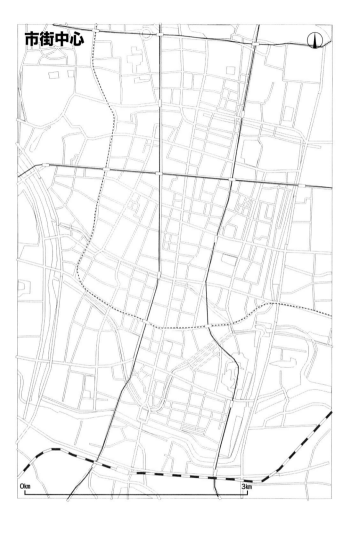

【白地図】市街北部

CHINA
江蘇省

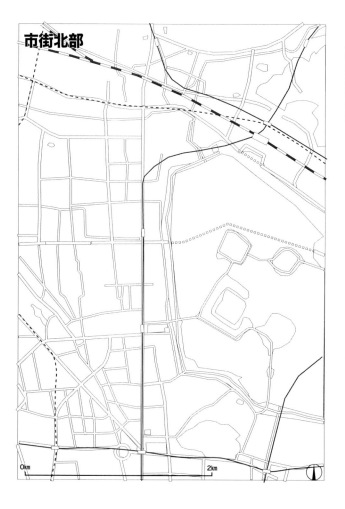

【白地図】紫金山と市街東部

CHINA
江蘇省

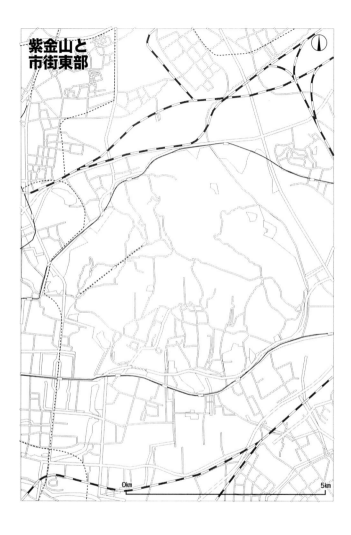

【白地図】市街西部

CHINA
江蘇省

市街西部

Nanjing

白地図

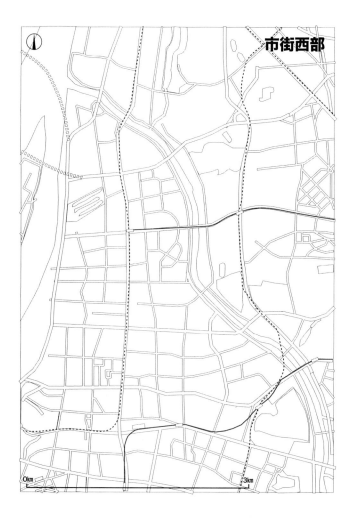

【白地図】下関

CHINA
江蘇省

下関

Nanjing 白地図

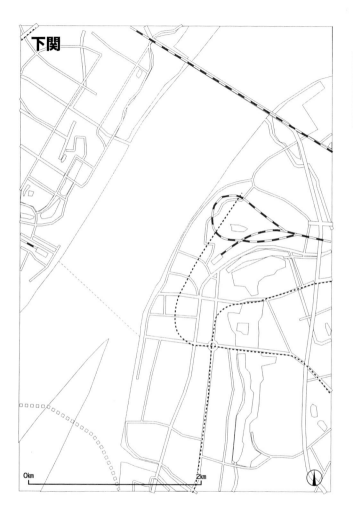

【白地図】南京郊外

CHINA
江蘇省

南京郊外

Nanjing 白地図

CHINA
江蘇省

【まちごとチャイナ】
江蘇省 001 はじめての江蘇省
江蘇省 002 はじめての蘇州
江蘇省 003 蘇州旧城
江蘇省 004 蘇州郊外と開発区
江蘇省 005 無錫
江蘇省 006 揚州
江蘇省 007 鎮江
江蘇省 008 はじめての南京
江蘇省 009 南京旧城
江蘇省 010 南京紫金山と下関
江蘇省 011 雨花台と南京郊外・開発区
江蘇省 012 徐州

三国志の軍師諸葛孔明（181〜234年）が「鐘阜は竜盤（竜がとぐろをまく）、石頭は虎踞（虎がうずくまる）、真に帝王の宅なり」とたとえた南京。六朝、南唐、明といった王朝、太平天国や中華民国の首都となり、北京、西安、洛陽とならぶ中国四大古都にあげられる。

南京は、中原を追われた漢族が南遷して都を構えることで発展し、明の朱元璋の築いた世界最大の城壁が今も残っている。一方で、長江や紫金山（鐘阜）、玄武湖といった豊かな自然が都市に隣接するのも特徴で、紫金山には「国父」孫文、

南京 nán jīng ナンジン
はじめての南京

Nanjing

明の初代皇帝朱元璋の陵墓も位置する。

　1911年に辛亥革命が起こると、皇帝が君臨した北京に対する中国の新たな首都が南京におかれ、1937年、日中戦争時にこの街で起こった南京事件（南京大虐殺）が、日中両国に深い影を落としているという面ももつ。現在、南京は上海の後背地にあたる江蘇省の省都として、政治、経済、文化の諸分野の中心地となっている。

【まちごとチャイナ】

江蘇省 008 はじめての南京

CHINA
江蘇省

目次

はじめての南京 …………………………………………………… xx

南中国を代表する都市 …………………………………………… xxvi

市街南部城市案内………………………………………………… xxxvii

南京と秦淮の世界 ………………………………………………… xlvii

市街中心城市案内………………………………………………… li

市街北部城市案内 ………………………………………………… lxii

市街東部城市案内………………………………………………… lxix

市街西部城市案内 ………………………………………………… lxxix

南京郊外城市案内………………………………………………… xci

城市のうつりかわり ……………………………………………… xcvii

【MEMO】

【地図】南京と江南地方

CHINA
江蘇省

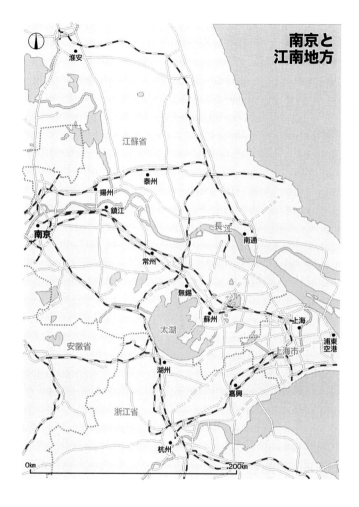

南中国を代表する都市

CHINA
江蘇省

江蘇省省都にして長い伝統をもつ南京は
六朝、南唐、明の都がおかれた帝都でもある
北京に対して名づけられた「南の都」

江蘇省の省都

南京は上海をおおうように広がる江蘇省の省都で、中国全体を見ても、華北と華南を結ぶちょうど「中国のへそ」にあたる。長江の河口から380km遡行したところに位置し、長江デルタの奥部、安徽省や湖北省などへ通じる地理をもつ。この南京の古名を「寧」と言い、上海（滬）と南京を結ぶ鉄道や道路には、「滬寧」という名前がつけられている。また夏の暑さから、南京は武漢、重慶とともに「三大火炉（かまど）」と呼ばれている。

Nanjing 南中国を代表する都市

「南」の京都

1368年、明を樹立した朱元璋は、南京に都をおき、このとき現在も残る壮大な城壁が築かれた。その後、第3代永楽帝が北京に遷都したことで、北京に対する「南京（南の京）」という名前が定着した。明初期、明清時代を通じての基本制度が確立されたことから、皇帝の暮らす南京紫禁城や明孝陵の様式が、北京の紫禁城、明十三陵、清の陵墓群へ受け継がれた。明清時代を通じて、南京は北京に準ずる性格をもつ都市の地位を保った。

CHINA
江蘇省

▲左　明代朱元璋の命でつくられた南京旧城の正門にあたる中華門。　▲右　秦淮河に浮かぶ画舫、文人や妓女でにぎわっていた

日本と「ナンキン」

中国から日本に渡来したものは、古く、「唐（から）」や「呉（くれ）」と呼ばれていた。こうしたなか近世以降、北京につぐ明清の都が南京におかれたことから、「南京」という言葉をそえて中国全体を指すようになった。南京豆、南京虫、南京錠、南京玉すだれ、南京（かぼちゃ）などがその代表格で、江戸時代の長崎に訪れた寧波や台湾、厦門の船のほか、南京からの船もあったという（海流や歴史的なつながりから、長江河口部と日本は関係が深かった）。南京を「ナンキン」と発音するのは、南方方言が日本に伝わったためで、北京の普

【MEMO】

Nanjing 南中国を代表する都市

CHINA
江蘇省

通語では南京を「ナンジン」と言う。

南京の地形と構成

南京市街の西から北、東へと大きく弧を描くように流れる長江、市街東部にそびえる紫金山、市街西部の石頭城、市街南部の雨花台といった丘陵、市街に隣接する玄武湖や莫愁湖などの湖沼。南京は河、山、湖の自然にめぐまれた「山紫水明」の地として知られ、南京旧城の城壁はこの独特の地形にあわせて走る（北京や西安で見られる、碁盤の目状の伝統中国都市とはプランが異なる）。この南京旧城のプランは、天の北

▲左　江南貢院では官吏に就くための試験が行なわれた。　▲右　孫文の眠る中山陵、青の屋根瓦でふかれている

斗七星と南斗六星を組みあわせて地上に映したものと言われる。

【地図】南京市街

【地図】南京市街の [★★★]
- ☐ 中華門 中华门 チョンファアメン

【地図】南京市街の [★★☆]
- ☐ 瞻園（太平天国歴史博物館）瞻园 チャァンユゥエン
- ☐ 夫子廟 夫子庙 フウツウミャオ
- ☐ 新街口 新街口 シンジエコウ
- ☐ 総統府 总统府 ゾォントンフウ
- ☐ 南京大虐殺殉難同胞紀念館
  侵华日军南京大屠杀遇难同胞纪念馆
  チンフゥアリイジュンナンジンダアトゥシャァユウ
  ナントンバオジイニィエングゥアン

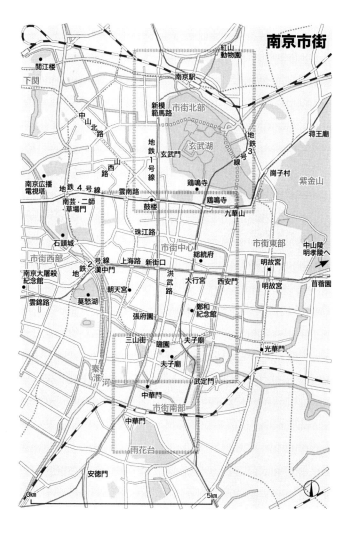

南京市街

Nanjing 南中国を代表する都市

【地図】南京市街の [★☆☆]

- [ ] 雨花台 雨花台 ユウフゥアタイ
- [ ] 朝天宮 朝天宮 チャオティエンゴォン
- [ ] 鄭和紀念館 郑和纪念馆 ヂェンハァジイニィエングゥアン
- [ ] 鼓楼 鼓楼 グウロウ
- [ ] 鶏鳴寺 鸡鸣寺 ジイミンスー
- [ ] 玄武湖 玄武湖 シュゥアンウウフウ
- [ ] 明故宮遺跡 明故宫遗址 ミングウゴォンイイチイ
- [ ] 石頭城 石头城 シイトォウチャン
- [ ] 南京広播電視塔 南京广播电视塔 ナンジングゥアンボオディエンシイタア

【MEMO】

【MEMO】

Guide, Cheng Shi Nan Fang
市街南部城市案内

堂々としたたたずまいの中華門
艶やかな妓女たちの姿もあった秦淮
古都南京を彩る景勝地

中華門 中华门 zhōng huá mén チョンファアメン［★★★］
南京旧城の正門にあたり、南北128m、東西118.45 m、高さ21.45m、四重の構造をもつ中華門。南京で明を樹立した朱元璋の命で、洪武年間（1368〜98年）に建設され、明清時代は「聚宝門（宝を集める門）」と呼ばれていたが、1911年の辛亥革命以後、「中華門」と呼ばれるようになった。中華門から両脇に長さ33.7kmにおよぶ南京城壁が続き、その外側には秦淮河（外秦淮）が流れている。

【地図】市街南部

【地図】市街南部の [★★★]
- ☐ 中華門 中华门 チョンファアメン

【地図】市街南部の [★★☆]
- ☐ 瞻園（太平天国歴史博物館）瞻园 チャァンユゥエン
- ☐ 夫子廟 夫子庙 フウツウミャオ
- ☐ 江南貢院 江南贡院 ジィアンナンゴォンユゥエン

【地図】市街南部の [★☆☆]
- ☐ 雨花台 雨花台 ユウフゥアタイ

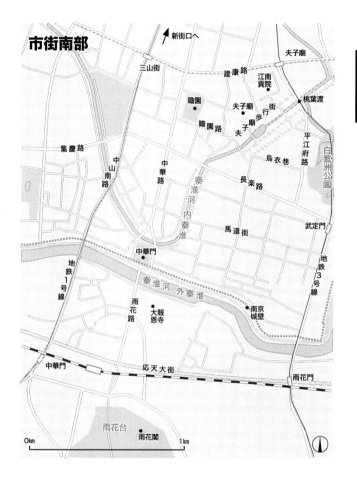

CHINA
江蘇省

▲左　「明」の旗が立つ中華門。　▲右　「金陵第一園（南京一の庭園）」の瞻園

瞻園（太平天国歴史博物館）瞻园
zhān yuán チャァンユゥエン ［★★☆］

「金陵第一園（南京一の庭園）」とたたえられ、南京を代表する庭園の瞻園。明代、朱元璋や徐達などの邸宅が構えられ、清代、乾隆帝がこの地に南巡したときに「瞻園」と名づけられた。広西から南京へと攻めあがった太平天国（1853～64年）の東王楊秀清の王府があったことから、現在は太平天国歴史博物館として開館している。太平天国の官服「団竜馬掛」、翼王石達開の使用した「護封銅印」などを見ることができる。

【MEMO】

江蘇省

夫子廟 夫子庙 fū zǐ miào フウツウミャオ [★★☆]

夫子とは「学問の神様」孔子のことで、中国の都市に必ずおかれた文廟にあたった。2匹の龍が描かれた大照壁、科挙の合格祈願をした文星閣、牌坊の天下文枢坊が周囲に残り、夫子廟では孔子像、大成殿、明徳堂、尊経閣が軸線上に続く（中国の伝統的な建築様式）。古くは東晋時代の337年創建の国立大学にさかのぼり、宋代の1034年に夫子廟が建てられた。またこの夫子廟を中心に門前街がつくられ、明清時代、茶楼、劇場、妓女たちのいる遊廓などが軒を連ねていた。

▲左　狭い個室で受験生は試験にのぞんだ。　▲右　孔子をまつる夫子廟

江南貢院 江南贡院
jiāng nán gòng yuàn ジィアンナンゴォンユゥエン［★★☆］

江南貢院は、郷試・会試・殿試の三段階ある中国の科挙のうち、地方試験の郷試が行なわれたところ。中国では隋代から1300年に渡って皇帝に仕える官吏を試験で選び、明清時代、江南貢院の試験には2万人の受験生が集まったという。1週間もの期間、外部と完全に遮断され、2万644室あった開放型個室「号房」で受験生は試験にあたった。合格すれば、将来への道が開けることから、試験は熾烈をきわめ、カンニングなど不正がないかの見張りを行なった高層楼閣（明遠楼）も見られる。

江蘇省

雨花台 雨花台 yǔ huā tái ユウフゥアタイ ［★☆☆］

南京市街の南にそびえる雨花台。南朝梁代の507年、雲光法師の読経に応じて、「天が花を雨のように降らせた」と伝えられる。古くから景勝地と知られ、中国最大規模の雨花台烈士紀念館はじめ、雲光法師の読経に由来する楼閣の雨花閣、明の第3代永楽帝の簒奪に最後まで抵抗した方孝孺の墓、再建された仏教寺院の高座寺などが残る。また美しい5色の雨花石は、長江の流れを受けて摩滅したもので、雨花台名物となっている。

【MEMO】

CHINA
江蘇省

南京と秦淮の世界

秦淮河の岸辺にならんだ酒楼や茶楼
古く六朝貴族の邸宅があり
一生の命運をわける科挙がここで催された

秦淮に生きた妓女

明清時代、赤提灯をつける妓楼や遊廓がならんだ秦淮河のほとり。そこには化粧して着飾り、男性の相手をした妓女の姿があった。文人たちは画舫（装飾した舟）を浮かべて、妓女をそばにおき、酒を飲み、書画を認めたことから、妓女の教養は高く、その衣装や髪型は流行の最先端をいくものだったという。こうした秦淮の世界は、古く晩唐の詩人杜牧が詠った『秦淮に泊す』、谷崎潤一郎『秦淮の夜』や芥川龍之介『南京の基督』などでも描かれた。秦淮は夫子廟歩行街として整備され、明末に生きた妓女の李香君の故居が再現されている。

CHINA
江蘇省

江南貢院で行なわれた科挙

科挙の受験を終えた受験生は、秦淮の妓楼を訪れて涙を流し、あるいは酒宴をあげた。江南貢院で行なわれる試験では、『四書五経』といった儒教経典の知識や詩文創作で合否は判断された。この郷試の合格率は、1%程度だったと言われ、試験に合格した者は北京で行なわれる次段階の試験へ進んだ。中国では文人による統治が1300年続き、官吏になれば強い権力や莫大な富を得ることができたことから、一族をあげて科挙受験を応援したり、中年を超えて科挙を受け続ける者も多かったという。

▲左　科挙は1300年続いた、江南貢院にて。　▲右　かつて文豪たちも訪れた秦淮は夫子廟歩行街となった

烏衣巷と六朝貴族

南遷した漢族が開いた東晋とそれに続く南朝時代、秦淮河河畔の烏衣巷には名門門閥貴族の邸宅が構えられていた（南京に都をおいた三国呉・東晋・宋・斉・梁・陳の6つの王朝をとって六朝貴族と呼ぶ）。六朝貴族は華北と異なる江南の美しい自然や山水に親しんで書画を認め、この時代、書聖王羲之、顧愷之といった文人が登場している。これら六朝貴族にまつわる王導・謝安記念館が開館している。

Guide,
Cheng Shi Zhong Xin
市街中心
城市案内

南京最大の繁華街、新街口
清朝、中華民国の行政府があった総統府
政治都市南京の中心部

朝天宮 朝天宮
cháo tiān gōng チャオティエンゴォン ［★☆☆］

明（1368～1644年）初期の都がおかれた南京で、「官吏が天子（皇帝）に朝賀する儀礼を習う場所」だった朝天宮。清代の1866年、孔子像や大成殿の立つ文廟となり、現在は南京市博物館として開館している。また紀元前6世紀の呉王夫差、3世紀の孫権の冶城（武器を整備する）があったことでも知られる。

【地図】市街中心

【地図】市街中心の [★★★]
- [ ] 中華門 中华门 チョンファアメン

【地図】市街中心の [★★☆]
- [ ] 新街口 新街口 シンジエコウ
- [ ] 総統府 总统府 ゾォントンフウ
- [ ] 瞻園（太平天国歴史博物館）瞻园 チャァンユゥエン
- [ ] 夫子廟 夫子庙 フウツウミャオ

【地図】市街中心の [★☆☆]
- [ ] 朝天宮 朝天宫 チャオティエンゴォン
- [ ] 鄭和紀念館 郑和纪念馆 ヂェンハアジイニィエングゥアン
- [ ] 長江路 长江路 チャンジィアンルウ
- [ ] 鼓楼 鼓楼 グウロウ
- [ ] 雨花台 雨花台 ユウフゥアタイ

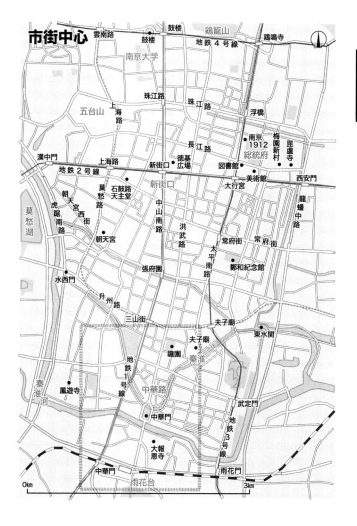

江蘇省

鄭和紀念館 郑和纪念馆 zhèng hé jì niàn guǎn
ヂェンハアジイニィエングゥアン ［★☆☆］

明代の1405年から7度に渡って、インドから東アフリカへいたる南海の航海に出航した鄭和。その艦隊は62隻の船団、2万8000人の乗組員という規模で、船体の長さは140m、幅57mにもなったという。この鄭和の艦隊のドックが南京にあり、鄭和の一族は代々、南京馬府街に暮らし、その近くに鄭和紀念館が開館している（鄭和は宦官であったことから直接の子孫は残していない）。

▲左　黄色の屋根瓦でふかれた朝天宮。　▲右　高層ビルがならぶ新街口

新街口 新街口 xīn jiē kǒu シンジエコウ ［★★☆］

南京市街の中心部に位置し、この街最大の繁華街の新街口。円形ロータリーの中心に孫文像が立ち、その周囲には徳基広場、中国工商銀行や金陵飯店、南京国際金融中心などがならぶ。新街口界隈では、夜遅くまで多くの人でにぎわう。

江蘇省

総統府 总统府 zǒng tǒng fǔ ゾォントンフウ ［★★☆］

辛亥革命をへて 1912 年、中華民国臨時大総統に就任した孫文の執務室があった総統府。ここに清朝時代、両江総督の治所がおかれ、その後、太平天国（1851 〜 64 年）の宮殿天王府となった経緯もあり、南京（江南）の行政府という性格は中華民国成立後も受け継がれた。中華民国建国の儀式が行なわれた「大堂」「二堂」などからなる中綫、南京を代表する庭園の「煦園」、孫文が執務をとった黄色い洋館（臨時大総統辦公室）のある西綫、「复園」と呼ばれ、ちょうど西側の「煦園」に対峙するかたちの東綫から構成される。清朝の両江総

▲左　1912年から中華民国の首都は南京にあった。　▲右　総統府で中華民国成立の祝賀パーティーが行なわれた

督、太平天国、孫文の中華民国、また蒋介石の南京国民政府へいたる展示が見られる。

「太平天国の都」天京

科挙に落ち続けるなかで、洪秀全（1814～1864年）は中国の伝統的な価値観を否定し、ヤハヴェを「上帝」、キリストを「長兄」、洪秀全を「次兄」とする太平天国を樹立した。広西の農民反乱から出発した太平天国軍は、1853年に南京を占領、ここを天京と名づけて都をおいた。天王洪秀全は天王府（現在の総統府）の奥にこもって著作に没頭し、また美

CHINA
江蘇省

女や美食におぼれたと伝えられる。一時は、清朝をおびやかすほどの勢力をもった太平天国も、1864年、上海の西欧列強の助けを借りた曾国藩の湘軍によって滅ぼされた。総統府西綫の太平湖のほとりに残る石舫は、太平天国時代の建物で、洪秀全が謁見に使ったと伝えられる。

長江路 长江路 cháng jiāng lù チャンジィアンルウ [★☆☆]
清代から中華民国時代にかけて南京の行政機能が集まっていた長江路。現在は長江路歴史文化旅遊街区として整備が進み、乾隆帝の行宮もあった江寧織造府、総統府に隣接するバース

Nanjing 市街中心城市案内

トリートの南京 1912 が見られる。また南京図書館新館、江蘇省美術館といった大型公共施設が立つほか、国民党との交渉にあたった周恩来が拠点を構えた梅園新村紀念館、中華民国時代に仏教拠点となっていた毘盧寺も位置する。

十度の都

三国呉代（222 〜 280 年）に、南京に最初の都「1 番目」がおかれ、その後、中原から南遷した東晋（317 〜 420 年）の都「2 番目」となった。以後、中国が南北に分裂した時代、南朝の宋「3 番目」・斉「4 番目」・梁「5 番目」・陳「6 番目」

CHINA
江蘇省

といった南朝はいずれも南京を都とし、六朝文化が咲き誇った（南京図書館新館の真下に六朝時代の宮城遺構が残る）。南朝に続く隋代、運河が開削されたため、揚州にその繁栄をゆずったものの、唐以後の五代十国に再び、南唐「7番目」の都が南京におかれた。時代はくだって明「8番目」の朱元璋は南京（南中国）を都とした王朝として、はじめて中国全土を統一した。朱元璋以後、政治の中心は北京へ遷ったが、北京に対する太平天国「9番目」の都、孫文や蒋介石の中華民国「10番目」の都はいずれも南京にあった。こうしたことから南京は、十朝古都と呼ばれている。

Guide,
Cheng Shi Bei Fang
市街北部
城市案内

CHINA
江蘇省

市街の北側に広がる玄武湖
超高層ビル紫峰大廈や
古刹同泰寺の流れを受け継ぐ鶏鳴寺が立つ

鼓楼 鼓楼 gǔ lóu グウロウ ［★☆☆］

新街口の北側、南京駅方面や南京港（下関）方面など5つの道が交わる市街のへそ部分に立つ鼓楼。この鼓楼は1382年に建立され、明清時代、太鼓を打つことで南京旧城に時間を知らせていた（また近くの大鐘亭は、鼓楼の太鼓とともに鐘を鳴らした）。

紫峰大廈 紫峰大廈
zǐ fēng dà shà ヅーフェンダアシャア ［★☆☆］

地上89階、高さ450mを誇る紫峰大廈。オフィス、ホテル

やレストラン、ショップなどが一体となり、上層階からは紫金山や玄武湖といった美しい自然が視界に入る。

鶏鳴寺 鸡鸣寺 jī míng sì ジイミンスー ［★☆☆］
六朝時代、南京でもっとも由緒ある仏教寺院と知られた同泰寺を前身とする鶏鳴寺。527年、熱心な仏教信者と知られた梁の武帝によって創建され、南朝仏教の一大中心地だった。548年の侯景の乱で消失したのち、1387年、明の洪武帝が再建して鶏鳴寺となった。北に玄武湖、東に紫金山をのぞむ鶏籠山に伽藍が展開し、この鶏鳴寺北側に残る台城（南京城郭）

【地図】市街北部

【地図】市街北部の [★☆☆]

- ☐ 鼓楼 鼓楼 グウロウ
- ☐ 紫峰大厦 紫峰大厦 ヅーフェンダアシャア
- ☐ 鶏鳴寺 鸡鸣寺 ジイミンスー
- ☐ 玄武湖 玄武湖 シュゥアンウウフウ
- ☐ 獅子橋歩行美食街 狮子桥步行美食街 シイツゥチャオブウシンメイシイジエ

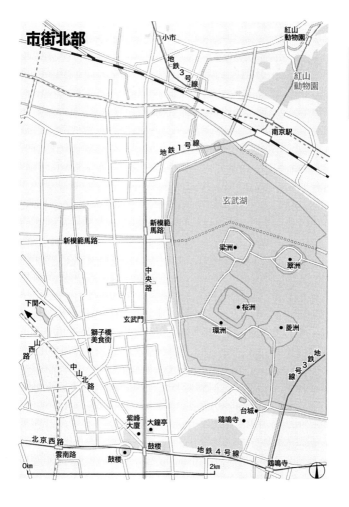

江蘇省

は六朝時代の宮城以来の伝統をもつという。

玄武湖 玄武湖 xuán wǔ hú シュゥアンウウフウ ［★☆☆］
南京市街の北側に隣接する巨大な玄武湖。玄武は北を守護する神獣で、南朝宋代（420〜479年）に湖に黒龍が現れたことからこの名前がつけれた。豊かな水をたたえる玄武湖には5つの島が浮かび、南京市民の訪れる景勝地となっている。

▲左　あっさりとした味つけの南京料理。　▲右　南京の水瓶の役割を果たしてきた玄武湖

獅子橋歩行美食街 狮子桥步行美食街
shī zǐ qiáo bù xíng měi shí jiē
シイツゥチャオブシンメイシイジエ　[★☆☆]

南京料理の店がずらりとならぶ獅子橋歩行美食街。江蘇料理店、小吃店のほか、近くには清真料理で知られる馬祥興も位置する。

Guide, Cheng Shi Dong Fang
市街東部城市案内

豊かな自然に包まれた紫金山
孫文の中山陵と朱元璋の孝陵が残り
南京を代表する景勝地となっている

中山陵 中山陵 zhōng shān líng チョンシャンリン [★★★]
中山陵は紫金山の斜面を利用して造営された孫文（1866〜1925年）の陵墓。辛亥革命を指導して1912年、南京で中華民国を樹立した孫文は、現在の中国の礎をつくった「国父」と呼ばれている。「死んだら紫金山に葬られたい」という孫文の言葉通り、1929年、ここで国葬された。牌坊にあたる博愛坊、陵門、碑亭、大階段から頂上の祭堂、遺体のおさめられた墓室へと続き、その高低差は73mになる。祭堂では、民族、民権、民生という孫文の三民主義がかかげられ、また頂きへ続く392段の大階段は、当時の中国の人口3億9200

CHINA
江蘇省

万人を象徴する。

革命いまだならず

中国で 2000 年以上続いた皇帝独裁を終わらせた 1911 年の辛亥革命。1912 年、孫文は南京で中華民国臨時大総統に就任したものの、各地に軍閥が割拠し、やがて権力は北京の袁世凱へ移ってしまった（南京が首都に選ばれたのは、辮髪、纏足といった古い封建制と決別する意図があったからだという）。1925 年、北京で客死した孫文は「革命いまだならず」の言葉を残してなくなった。この孫文の意思をついだのが軍

▲左　紫金山茅山の南斜面に展開する中山陵。　▲右　392段の階段は中国の人々を意味する

人蔣介石で、1926年、広州から北京へ向かって北伐を開始し、その途上の1927年に南京国民政府を樹立している。1928年に北伐は完成し、1937年に日本軍の侵攻を受けるまで蔣介石の首都は南京にあった。

明孝陵 明孝陵 míng xiào líng ミンシャオリン ［★★☆］

紫金山独龍阜にひっそりと残る明の初代皇帝朱元璋とその皇后馬氏の眠る明孝陵。元末の混乱のなかで兵をあげた朱元璋は、1368年に南京で明を樹立した。明朝では皇帝陵墓や紫禁城など、のちの明清時代へ続く建物や制度が整えられた。

【地図】紫金山と市街東部

【地図】紫金山と市街東部の [★★★]
- [ ] 中山陵 中山陵チョンシャンリン

【地図】紫金山と市街東部の [★★☆]
- [ ] 明孝陵 明孝陵ミンシャオリン

【地図】紫金山と市街東部の [★☆☆]
- [ ] 霊谷寺 灵谷寺リングウスー
- [ ] 美齢宮 美龄宮メイリンゴォン
- [ ] 明故宮遺跡 明故宮遺址ミングウゴォンイイチイ
- [ ] 南京博物院 南京博物院ナンジンボオウウユュエン

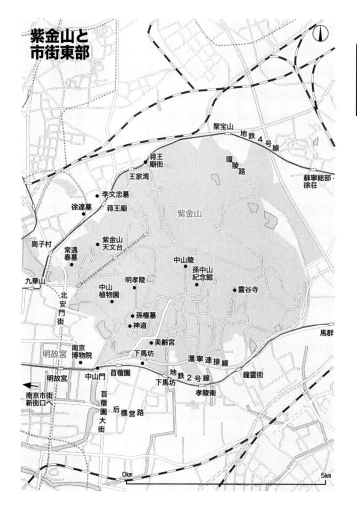

CHINA
江蘇省

神獣の残る神道（孫権の墓をさけるように走る）から、孝陵へいたると、碑亭、陵恩殿、方城、明楼、宝頂へと続いていく。この孝陵は1381年から、30年の月日をかけて1413年に完成し、紫金山麓に残る徐達墓、李文忠墓、常遇春墓などとともに世界遺産に指定されている。

霊谷寺 灵谷寺 líng gǔ sì リングウスー ［★☆☆］
南朝梁代の514年に建立された開善精舎を前身とする霊谷寺。「南朝四百八十寺」と詠われるなど、南京では仏教が盛んで紫金山には多くの仏教寺院があった。1376年、明の朱

▲左　北京の故宮〔紫禁城〕のもととなった明故宮。　▲右　櫺星門と神道を守護する石人、明孝陵にて

元璋は自らの陵墓を築くため、独龍阜にあった開善精舎を現在の場所に遷し、霊谷寺となった。大雄宝殿を中心に、明代の無梁殿、1933年建立の八角九層の紀年塔などが立つ。

美齢宮 美龄宫 měi líng gōng メイリンゴォン ［★☆☆］

南京国民政府の主席官邸がおかれていた美齢宮。蒋介石の妻宋美齢がここで豪奢な生活を送り、その名前がとられている。宋家の三姉妹は、それぞれ浙江財閥の孔祥熙（宋靄齢）、孫文（宋慶齢）、蒋介石（宋美齢）に嫁いで中国近現代史に名前を残すことになった。

江蘇省

明故宮遺跡 明故宫遗址
míng gù gōng yí zhǐ ミングウゴォンイイチイ [★☆☆]

明故宮遺跡は皇帝のいる紫禁城があったところで、現在は礎石や彫刻がわずかに残る公園となっている。明の南京旧城は南京の地形にあわせて造営され、この明故宮は富貴山を背後とする（東に偏っている）。1366年に建設がはじまり、奉天殿、華蓋殿、謹身殿の前朝三大殿、皇后や妃の暮らす乾清宮、坤寧宮の後宮からなる構成は、北京の紫禁城にも受け継がれることになった。永楽帝（1360〜1424年）によって北京に遷都されたあと、南京には北京に準じる陪都がおかれた。

南京博物院 南京博物院
nán jīng bó wù yuàn ナンジンボオウウユゥエン [★☆☆]
南京国民政府時代の中央博物院を前身とする南京博物院（1933年に構想された）。木材などの素材を重視した唐末から遼、金時代の建築様式で建てられている。歴史館、芸術館、民国館などで構成され、玉器、青磁磁器、漆器、陶器、織物、刺繍、書画など42万点を収蔵する。

Guide,
Cheng Shi Xi Fang

市街西部
城市案内

日中戦争の傷跡を伝える
南京大虐殺殉難同胞紀念館
堂々した閲江楼や南京長江大橋も見られる

南京大虐殺殉難同胞紀念館 侵华日军南京大屠杀遇难同胞纪念馆
qīn huá rì jūn nán jīng dà tú shā yù nàn tóng bāo jì niàn guǎn
チンフゥアリイジュンナンジンダアトゥウシャアユウナン
トンバオジイニィエングゥアン ［★★☆］

1937年に南京を占領した日本軍によって起こった南京事件（南京大虐殺）。日本軍は中国人への暴行、殺害、略奪を行ない、南京大虐殺殉難同胞紀念館ではこのとき起こったとされる写真や展示が見られる。なおその犠牲者数をめぐって、日中間に見解の相違があり、1～2万人説、4万人説、20万人以上説、30万人説など意見がわかれている（南京大虐殺殉難同胞紀念館には、中国の主張する「30万人」という文字が刻まれ

【地図】市街西部

【地図】市街西部の ［★★☆］
- ☐ 南京大虐殺殉難同胞紀念館
  侵华日军南京大屠杀遇难同胞纪念馆
  チンフゥアリイジュンナンジンダアトゥウシャアユウナントンバオジイニィエングゥアン

【地図】市街西部の ［★☆☆］
- ☐ 石頭城 石头城 シイトォウチャン
- ☐ 南京広播電視塔 南京广播电视塔
  ナンジングゥアンボオディエンシイタア

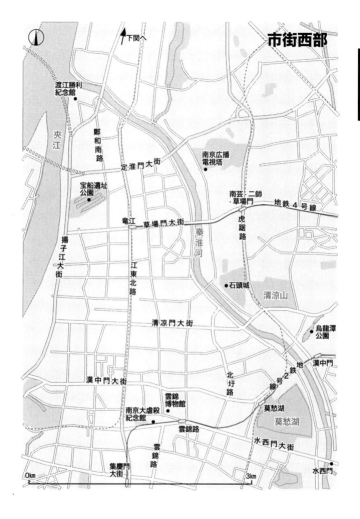

CHINA
江蘇省

▲左　南京大虐殺殉難同胞紀念館前の彫刻。　▲右　紀念館内部の様子

ている)。この南京事件は南京大虐殺のほか、中国で南京大屠殺、欧米でナンキン・アトロシティーズと呼ばれている。

石頭城 石头城 shí tóu chéng シイトォウチャン ［★☆☆］
石頭城は三国呉の孫権が212年に築いた城塞跡で、南北3kmに渡って続く。三国呉の孫権は229年より南京に都をおき、以来、この街の発展がはじまった。そのため石頭城は南京発祥の地のひとつにあげられ、六朝時代、石頭城のすぐそばを長江が流れていたという。

【MEMO】

江蘇省

南京広播電視塔 南京广播电视塔 **nán jīng guǎng bò diàn shì tǎ ナンジングゥアンボオディエンシイタア** [★☆☆]

「紫金塔」の愛称でも親しまれる南京広播電視塔。高さは318.5mになり、地上部では江蘇科技館が開館している。

▲左　高さ 52m、7 層の閲江楼。　▲右　長江に架かる南京長江大橋

閲江楼 阅江楼 yuè jiāng lóu ユエジィアンロウ ［★★☆］

南京旧城の北西端にそびえる獅子山に立つ閲江楼。閲江楼は明代の 1374 年に朱元璋が構想したものの完成せず、2001 年になって新たに楼閣が建てられた。長江の雄大な眺めを見ることができ、岳陽楼（湖南省岳陽）、黄鶴楼（湖北省武漢）、滕王閣（江西省南昌）とともに「江南四大名楼」にあげられる。また近くには、儀鳳門、天后宮、静海寺などの遺構が残る。

【地図】下関

【地図】下関の [★★☆]
- □ 閲江楼 阅江楼 ユエジィアンロウ
- □ 南京長江大橋 南京长江大桥 ナンジンチャンジィアンダアチィアオ

【地図】下関の [★☆☆]
- □ 下関 下关 シィアグゥアン

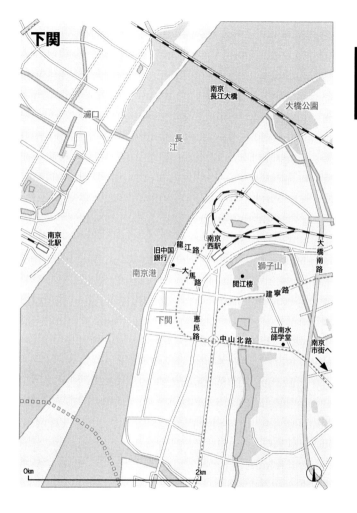

江蘇省

南京長江大橋 南京长江大桥 nán jīng cháng jiāng dà qiáo
ナンジンチャンジィアンダアチィアオ ［★★☆］

長江に架かる長さ 6772m の南京長江大橋。1968 年、毛沢東による指導のもと、中国人自身の技術、労働によって完成した。長江は長いあいだ交通の障壁だったが、この橋の完成で北京と上海を結ぶ鉄道の往来が可能になった。なおチベット高原から上海へと流れる長江（全長 6300 km）は、南京では 1500m ほどの川幅をもつ。

市街西部城市案内 | Nanjing

下関 下关 xià guān シィアグゥアン [★☆☆]

下関は儀鳳門外の港湾エリアで、近代以降に発展した。もともとこのあたりは明の鄭和のドックがあり、1842 年、アヘン戦争以後の南京条約がこの下関で結ばれた。やがて 1898 年に南京が決まると、長江に面した河港の南京港と上海や武漢を結ぶ汽船が往来するようになった。

Guide, Nan Jing Jiao Qu
南京郊外城市案内

美しい自然に恵まれた南京郊外
南朝以来の古刹や
皇帝陵墓が残る

棲霞寺 栖霞寺 qī xiá sì チイシィアスー ［★☆☆］

南斉の 489 年に創建され、南朝以来の伝統を今に伝える古刹の棲霞寺。毘盧宝殿を中心に大仏閣、無量殿といった伽藍が展開し、八角五層の舎利塔（高さ 15m）、「江南の雲崗」にもたとえられる千仏巌も残る。古く漢方に使われる薬草の自生したという自然に囲まれ、秋には美しい紅葉が見られる。この棲霞寺は玉泉寺（湖北省）、国清寺（浙江省）、霊厳寺（山東省）とならんで「四大叢林」を構成する。

【地図】南京郊外

【地図】南京郊外の [★★★]
- [ ] 中華門 中华门 チョンファアメン
- [ ] 中山陵 中山陵 チョンシャンリン

【地図】南京郊外の [★★☆]
- [ ] 南京長江大橋 南京长江大桥 ナンジンチャンジィアンダアチィアオ
- [ ] 夫子廟 夫子庙 フウツウミャオ
- [ ] 新街口 新街口 シンジエコウ
- [ ] 明孝陵 明孝陵 ミンシャオリン
- [ ] 南京大虐殺殉難同胞紀念館 侵华日军南京大屠杀遇难同胞纪念馆 チンフゥアリイジュンナンジンダアトゥシャアユウナントンバオジイニィエングゥアン

【地図】南京郊外の [★☆☆]
- [ ] 棲霞寺 栖霞寺 チイシィアスー
- [ ] 南唐二陵 南唐二陵 ナンタンアアリン
- [ ] 建鄴区 建邺区 ジィアンイェチュウ
- [ ] 下関 下关 シィアグゥアン
- [ ] 鼓楼 鼓楼 グウロウ
- [ ] 玄武湖 玄武湖 シュゥアンウウフウ
- [ ] 雨花台 雨花台 ユウフゥアタイ

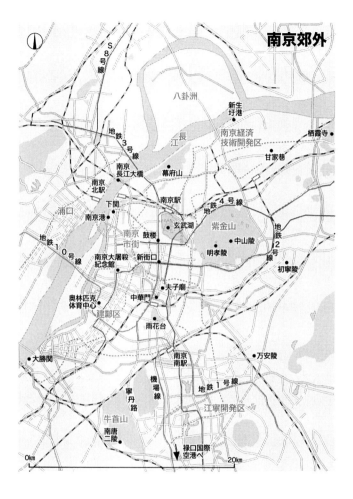

CHINA
江蘇省

南唐二陵 南唐二陵
nán táng èr líng ナンタンアアリン [★☆☆]

唐以後の五代十国時代に南京にあった南唐（937〜975年）の皇帝を埋葬する南唐二陵。3代、39年続き、3代目の李後主は北方へ連れて行かれたため、初代李昪欽陵と第2代李璟順陵が残る。地下宮殿の様式をもち、長いあいだその場所はわかっていなかったが、南京に骨董を売りに来ていた人経由で「発見」され、1950〜51年に発掘が進んだ。この南唐の宮廷で、李延珪墨、澄心堂紙といった文房四宝（紙、墨、筆、硯）が発達し、のちに続く纏足の文化も生まれた。

▲左　ほぼ完全なかたちの伽藍を伝える棲霞寺。　▲右　南唐二陵の地下宮殿

建鄴区 建邺区 jiàn yè qū ジィアンイェチュウ ［★☆☆］

南京市街西部に位置する新市街の建鄴区。21世紀に入ってから整備が進み、河西新城（河西CBD）、南京奥林匹克体育中心、南京国際展覧中心が位置する。対岸の浦口とは長江トンネルで結ばれている。

城市のうつりかわり

華やかな貴族文化を咲き誇らせた六朝
明の朱元璋、孫文や蒋介石の中華民国
南京はこれらの人々が都とした帝都だった

古代（〜紀元前3世紀）

長江に合流する秦淮河の恵みを受け、南京ではのちの呉越に続く湖熟文化の足跡が残っている（今から5000年前の遺構）。春秋戦国時代の紀元前472年、越の宰相范蠡は南京雨花台に楚に対する要塞を築き、逆にその越を破った楚は紀元前333年、清涼山に要塞を築いて金陵邑をおいた（この地に金を埋めた）。こうしたなか、春秋戦国時代を終わらせ中国を統一した秦の始皇帝は、「王者の気」のある南京の地脈を断ち、金陵という名前を秣陵と変更させた。秦漢時代の行政府は、市街と南郊外禄口国際空港とのあいだの秣陵関にあった。

江蘇省

六朝隋唐（3〜10世紀）

三国呉の孫権が、212年、長江ほとりに石頭城を築き、建鄴（業を建てる）とした。現在の南京市街はこの孫権が石頭城の東側に築いた宮城から発展をはじめ、317年、華北の混乱から南遷した漢族は南京で東晋を樹立した。東晋に続く南朝（420〜589年にあった宋・斉・梁・陳）の都はいずれも南京におかれ、とくに梁の武帝時代の南京は140万人の人口を抱える世界最大の都市だった（この時代、倭の五王が南京の南朝に使節を派遣している）。南朝は隋によって破壊され、洛陽と杭州を結ぶ大運河のルートから外れたことから、隋唐時代、

▲左　孫文を埋葬する中山陵には毎日多くの人が訪れる。　▲右　1933年建立の八角九層の紀年塔、紫金山霊谷寺にて

江南の中心は揚州や蘇州へ遷った。

南唐宋元（10〜14世紀）

唐末、各地に配置された節度使が独立し、やがて五代十国時代に入った。当初、江南には呉（揚州）があったが、呉の臣下だった徐知誥は自らの拠点である南京で南唐を樹立した。南唐（937〜975年）はわずか3代で滅んだものの、洗練された文房四宝や纏足が生み出され、五代十国でもっとも豊かな文化を咲き誇らせた。その後、宋元時代を通じて長江の堆積が進み、より海に近い蘇州や杭州が経済都市として台頭す

江蘇省

るなか、南京は政治、軍事の要衝という性格が続いた。宋代、南京に陪都がおかれ、元代、集慶路と呼ばれて江南統治の拠点となっていた。

明（14〜17世紀）

貧しい農家を出自とする朱元璋は、元末の混乱のなか台頭し、南京に入城、1368年、ここで明を樹立した（明という王朝名は朱元璋の信仰した白蓮教の明王に由来する）。明軍は北京へ攻めあがり、元の大都（北京）を陥落させ、南中国から中国を統一したはじめての王朝となった。現在、南京に残る

Nanjing 城市のうつりかわり

城壁はこのときのもので、蘇州や江南各地から商人や技術者が南京に移住させられ、南京は世界最大規模の都だった。その後、第3代永楽帝が南京の建文帝から皇帝の座を奪い、北京へ遷都したため、北京に対する「南の都」を意味する南京となった。北京遷都後も、南京には官僚機構が残されるなど、北京に準ずる副都の地位をたもった。また明代、造船、印刷、建築といった文化や流通、経済が発展した。

CHINA
江蘇省

清（17〜20世紀）

1644年、李自成の反乱で明が滅ぶと、南京では南明が樹立されたが、やがて満州族の清の支配下に入った（明の遺臣である鄭成功は南京の大学で学び、南京攻略戦を展開したが失敗に終わった）。清代、南京には両江総督がおかれて江南統治の拠点となり、康熙帝や乾隆帝なども南巡に訪れている。やがて西欧列強が進出し、1842年、アヘン戦争後の南京条約は南京港で結ばれた（江南の中心地は上海へ遷っていった）。清朝が衰退するなか、広西から攻めあがった農民反乱の太平天国（1851〜64年）の都は南京におかれ、北京の

▲左　江南貢院で受験者を見張る試験監。　▲右　夫子廟前方に立つ牌楼の天下文枢坊

清朝と南京の太平天国というふたつの王朝が併存していた。1864年、太平天国は鎮圧され、李鴻章、張之洞といった官吏が南京に着任し、近代化、西欧化が進められた。

中華民国（20世紀）

1911年の辛亥革命を受けて、1912年に南京で中華民国が樹立され、孫文が臨時大総統に就任した。孫文は三民主義をかかげて新たな中国の建設を模索したものの、各地に軍閥が割拠する状態が続き、「革命いまだならず」の言葉を残してなくなっている。孫文の意志を受け継いだ蒋介石は、北伐を完

CHINA
江蘇省

成させ、その途上で南京国民政府(1927～37年)を樹立した(またこの時代、日本は満州への進出を強めている)。蔣介石時代の南京では、南京港下関から中山陵へいたる中山路の整備はじめ、街の近代化が進められた。一方、1937年、蘆溝橋事件に呼応して日本軍は上海に上陸し、中華民国の首都南京を目指して進軍した。このとき、12月の南京占領にあたって、南京事件(南京大虐殺)が起こっている。蔣介石の国民政府は長江をさかのぼって、重慶へ政府を遷し、日中戦争が終わった1945年に再び南京へ戻ってきた。

Nanjing｜城市のうつりかわり

現代（1945年〜）

戦後、蒋介石の国民党と毛沢東の共産党のあいだの国共内戦が勃発し、1949年、勝利した共産党は中華人民共和国を樹立した（蒋介石は台湾に渡った）。江蘇省の省都となった南京では1950年代、ソ連の技術支援を受けながら工業化が進められ、やがて「自力」で1968年、南京長江大橋が架けられた。20世紀初頭以来、江南のなかで上海が台頭し、とくに1978年以後の改革開放、1992年の鄧小平による南巡講話を受けて、長江デルタは急速な経済発展を見せた。南京では、それまでの市街周囲に江寧開発区、南京海峡両岸科技工

業園、長江対岸の浦口に南京海峡両岸科技工業園などがもうけられ、郊外の都市化も進んでいる。また長江デルタの一体化が進むなか、南京と上海のあいだを高速鉄道が走るようになった。

Nanjing

城市のうつりかわり

参考文献

『中国の歴史散歩 3』(山口修・鈴木啓造 / 山川出版社)

『中国遊里空間』(大木康 / 青土社)

『南京物語』(石川忠久 / 集英社)

『南京』(南京日本商工会議所編 / 南京日本商工会議所)

『園林都市』(大室幹雄 / 三省堂)

『世界大百科事典』(平凡社)

[PDF] 南京地下鉄路線図 http://machigotopub.com/pdf/nanjingmetro.pdf

まちごとパブリッシングの旅行ガイド
Machigoto INDIA , Machigoto ASIA , Machigoto CHINA

【北インド - まちごとインド】

001 はじめての北インド
002 はじめてのデリー
003 オールド・デリー
004 ニュー・デリー
005 南デリー
012 アーグラ
013 ファテープル・シークリー
014 バラナシ
015 サールナート
022 カージュラホ
032 アムリトサル

【西インド - まちごとインド】

001 はじめてのラジャスタン
002 ジャイプル
003 ジョードプル
004 ジャイサルメール
005 ウダイプル
006 アジメール（プシュカル）
007 ビカネール
008 シェカワティ
011 はじめてのマハラシュトラ
012 ムンバイ
013 プネー
014 アウランガバード
015 エローラ
016 アジャンタ
021 はじめてのグジャラート
022 アーメダバード
023 ヴァドダラー（チャンパネール）
024 ブジ（カッチ地方）

【東インド - まちごとインド】

002 コルカタ
012 ブッダガヤ

【南インド - まちごとインド】

001 はじめてのタミルナードゥ
002 チェンナイ
003 カーンチプラム
004 マハーバリプラム
005 タンジャヴール
006 クンバコナムとカーヴェリー・デルタ
007 ティルチラパッリ
008 マドゥライ
009 ラーメシュワラム
010 カニャークマリ
021 はじめてのケーララ
022 ティルヴァナンタプラム
023 バックウォーター（コッラム〜アラップーザ）
024 コーチ（コーチン）
025 トリシュール

【ネパール - まちごとアジア】

001 はじめてのカトマンズ
002 カトマンズ
003 スワヤンブナート

004 パタン
005 バクタプル
006 ポカラ
007 ルンビニ
008 チトワン国立公園

【バングラデシュ - まちごとアジア】

001 はじめてのバングラデシュ
002 ダッカ
003 バゲルハット（クルナ）
004 シュンドルボン
005 プティア
006 モハスタン（ボグラ）
007 パハルプール

【パキスタン - まちごとアジア】

002 フンザ
003 ギルギット（KKH）
004 ラホール
005 ハラッパ
006 ムルタン

【イラン - まちごとアジア】

001 はじめてのイラン
002 テヘラン
003 イスファハン
004 シーラーズ
005 ペルセポリス
006 パサルガダエ（ナグシェ・ロスタム）
007 ヤズド
008 チョガ・ザンビル（アフヴァーズ）
009 タブリーズ

010 アルダビール

【北京 - まちごとチャイナ】

001 はじめての北京
002 故宮（天安門広場）
003 胡同と旧皇城
004 天壇と旧崇文区
005 瑠璃廠と旧宣武区
006 王府井と市街東部
007 北京動物園と市街西部
008 頤和園と西山
009 盧溝橋と周口店
010 万里の長城と明十三陵

【天津 - まちごとチャイナ】

001 はじめての天津
002 天津市街
003 浜海新区と市街南部
004 薊県と清東陵

【上海 - まちごとチャイナ】

001 はじめての上海
002 浦東新区
003 外灘と南京東路
004 淮海路と市街西部
005 虹口と市街北部
006 上海郊外（龍華・七宝・松江・嘉定）
007 水郷地帯（朱家角・周荘・同里・甪直）

【河北省 - まちごとチャイナ】

001 はじめての河北省
002 石家荘
003 秦皇島
004 承徳
005 張家口
006 保定
007 邯鄲

【山東省 - まちごとチャイナ】

001 はじめての山東省
002 青島
003 煙台
004 臨淄
005 済南
006 泰山
007 曲阜

【江蘇省 - まちごとチャイナ】

001 はじめての江蘇省
002 はじめての蘇州
003 蘇州旧城
004 蘇州郊外と開発区
005 無錫
006 揚州
007 鎮江
008 はじめての南京
009 南京旧城
010 南京紫金山と下関
011 雨花台と南京郊外・開発区
012 徐州

【浙江省 - まちごとチャイナ】

001 はじめての浙江省
002 はじめての杭州
003 西湖と山林杭州
004 杭州旧城と開発区
005 紹興
006 はじめての寧波
007 寧波旧城
008 寧波郊外と開発区
009 普陀山
010 天台山
011 温州

【福建省 - まちごとチャイナ】

001 はじめての福建省
002 はじめての福州
003 福州旧城
004 福州郊外と開発区
005 武夷山
006 泉州
007 厦門
008 客家土楼

【広東省 - まちごとチャイナ】

001 はじめての広東省
002 はじめての広州
003 広州古城
004 天河と広州郊外
005 深圳（深セン）
006 東莞
007 開平（江門）
008 韶関
009 はじめての潮汕

010 潮州
011 汕頭

【遼寧省 - まちごとチャイナ】

001 はじめての遼寧省
002 はじめての大連
003 大連市街
004 旅順
005 金州新区
006 はじめての瀋陽
007 瀋陽故宮と旧市街
008 瀋陽駅と市街地
009 北陵と瀋陽郊外
010 撫順

【重慶 - まちごとチャイナ】

001 はじめての重慶
002 重慶市街
003 三峡下り（重慶〜宜昌）
004 大足

【香港 - まちごとチャイナ】

001 はじめての香港
002 中環と香港島北岸
003 上環と香港島南岸
004 尖沙咀と九龍市街
005 九龍城と九龍郊外
006 新界
007 ランタオ島と島嶼部

【マカオ - まちごとチャイナ】

001 はじめてのマカオ
002 セナド広場とマカオ中心部
003 媽閣廟とマカオ半島南部
004 東望洋山とマカオ半島北部
005 新口岸とタイパ・コロアン

【Juo-Mujin（電子書籍のみ）】

Juo-Mujin 香港縦横無尽
Juo-Mujin 北京縦横無尽
Juo-Mujin 上海縦横無尽
見せよう！デリーでヒンディー語
見せよう！タージマハルでヒンディー語
見せよう！砂漠のラジャスタンでヒンディー語

【自力旅游中国 Tabisuru CHINA】

001 バスに揺られて「自力で長城」
002 バスに揺られて「自力で石家荘」
003 バスに揺られて「自力で承徳」
004 船に揺られて「自力で普陀山」
005 バスに揺られて「自力で天台山」
006 バスに揺られて「自力で秦皇島」
007 バスに揺られて「自力で張家口」
008 バスに揺られて「自力で邯鄲」
009 バスに揺られて「自力で保定」
010 バスに揺られて「自力で清東陵」
011 バスに揺られて「自力で潮州」
012 バスに揺られて「自力で汕頭」
013 バスに揺られて「自力で温州」

【車輪はつばさ】
南インドのアイラヴァテシュワラ寺院には建築本体に車輪がついていて寺院に乗った神さまが人びとの想いを運ぶと言います。

・本書はオンデマンド印刷で作成されています。
・本書の内容に関するご意見、お問い合わせは、発行元のまちごとパブリッシング info@machigotopub.com までお願いします。

まちごとチャイナ
江蘇省008はじめての南京
～江南の帝都「ナンキン」へ[モノクロノートブック版]

2017年11月14日　発行

著　者	「アジア城市（まち）案内」制作委員会
発行者	赤松　耕次
発行所	まちごとパブリッシング株式会社
	〒181-0013　東京都三鷹市下連雀4-4-36
	URL http://www.machigotopub.com/
発売元	株式会社デジタルパブリッシングサービス
	〒162-0812　東京都新宿区西五軒町11-13
	清水ビル3F
印刷・製本	株式会社デジタルパブリッシングサービス
	URL http://www.d-pub.co.jp/

MP130

ISBN978-4-86143-264-4 C0326　　　Printed in Japan
本書の無断複製複写（コピー）は、著作権法上での例外を除き、禁じられています。